SUR LA

GRANDE DÉFENSE

OU

NOUVELLE MÉTHODE DE FORTIFICATION

DU LIEUTENANT-COLONEL

D. FÉLIX PROSPÉRI

Ingénieur des Armées de S. M. Catholique le roi D. Philippe V, monarque des Espagnes, etc.

PAR

LE COLONEL D. EMILIO BERNALDEZ

Auteur de la *Fortification moderne*
et de la *Description de la place d'Anvers*

Traduit, avec permission, par F.-A. FRANQUET, lieutenant de vaisseau

AVEC 5 PLANCHES

PARIS

LIBRAIRIE MILITAIRE MARITIME ET POLYTECHNIQUE

J. CORRÉARD, ÉDITEUR

3, Boulevard Saint-André, 3

Maison de la Fontaine-St-Michel

1869

LA GRANDE DÉFENSE

PARIS. — IMPRIMERIE A.-E. ROCHETTE

72-80, boulevard Montparnasse, 72-80

NOTICE

SUR LA

GRANDE DÉFENSE

OU

NOUVELLE MÉTHODE DE FORTIFICATION

DU LIEUTENANT-COLONEL

D. FÉLIX PROSPÉRI

Ingénieur des Armées de S. M. Catholique le roi D. Philippe V, monarque des Espagnes

PAR

LE COLONEL D. EMILIO BERNALDEZ

Auteur de la *Fortification moderne*
et de la *Description de la place d'Anvers*

Traduit, avec permission, par F.-A. FRANQUET, lieutenant de vaisseau

PARIS

LIBRAIRIE MILITAIRE MARITIME ET POLYTECHNIQUE

J. CORRÉARD, ÉDITEUR

5, Boulevard Saint-André, 5
Maison de la Fontaine-St-Michel

1869

LA GRANDE DÉFENSE

DIRECTION GÉNÉRALE DES INGNIÈURS DE L'ARMÉE

« En examinant l'écrit que vous m'avez fait
l'honneur de me remettre le 1er avril, et qui fait
ressortir l'ouvrage publié à Mexico, en 1774, par
le lieutenant-colonel du Corps D. Félix Prospéri,
sous le titre de *Grande défense* ou *Nouvelle méthode
de fortification*, non-seulement j'ai décidé qu'il serait publié dans le Mémorial, mais qu'on vous en
réserverait cent exemplaires, selon les conditions
établies en pareil cas, mais j'ai encore une vive
satisfaction à vous exprimer combien j'ai apprécié
le service éminent que vous avez rendu non-seulement au Corps et à la science, mais à l'Etat en gé-

qu'en France, plus que dans d'autres pays, la première méthode avait rencontrée pour être admise de préférence à la seconde, j'indiquai comme l'une des raisons que l'on donnait pour cela, l'inconvénient d'admettre légèrement les idées nouvelles, puisque c'est ainsi que l'on qualifiait celles qui étaient émises par l'écrivain à qui il a été donné d'être reconnu comme l'inventeur de la méthode moderne ou allemande déjà citée, le marquis de Montalembert. Ces idées, dis-je alors, n'étaient pas nouvelles; les éléments défensifs dont cet homme illustre s'est prévalu pour imaginer des traités de fortification étaient déjà connus, d'autres ingénieurs se les étaient appropriés et avaient même proposé des tracés semblables aux siens. Pour ce motif, je citai le front polygonal inventé en 1743, c'est-à-dire trente-quatre ans avant l'apparition des projets de Montalembert, par le lieutenant-colonel D. Félix Prospéri, des ingénieurs espagnols; et à l'appui de mon assertion, je produisis une légère notice dudit front, en l'accompagnant d'un dessin composé uniquement des lignes indispensables pour faire apprécier du premier coup-d'œil sa forme et ses dimensions, sans entrer dans des détails inutiles pour le moment.

Il est à propos de se rappeler que des projets de Montalembert, il n'y a que son système dit *polygonal* qui ait obtenu une réputation méritée.

Le livre en question était à peine publié, que le front indiqué de Prospéri fixa l'attention des officiers du génie, particulièrement chez les étrangers où cet auteur n'était pas connu ; et par conséquent ils désirèrent avoir plus de détails sur un projet si curieux, et non-seulement curieux, mais qui révélait un grand génie, eu égard à la partie ainsi qu'à la puissance des armes à feu dont on se servait à l'époque où il parut.

Il semble qu'il aurait dû être facile de satisfaire la curiosité naturelle des chercheurs intelligents, puisque Prospéri publia ses idées dans un livre imprimé à Mexico en 1744, intitulé : *La grande défense*, et dédié à Sa Majesté le roi D. Philippe V : mais les exemplaires de son ouvrage ont disparu de telle façon que nous n'en possédons que trois, dont l'un est incomplet.

C'est sans doute pour cela que son nom n'apparaît pas dans le grand catalogue des auteurs mentionnés par l'infatigable et érudit A. de Zastrow dans son *Histoire* très-intéressante *de la fortification permanente* ; et c'est pour cette cause que quelques ingénieurs des armées d'Allemagne m'ont questionné sur notre auteur, quand j'eus l'occasion de visiter leur pays en 1864. De plus, le Belge Brialmont, qui a écrit les *Etudes sur la défense des Etats* (1), l'investigateur ardent de tout ce qui a été publié et a rapport avec l'art de fortifier, a écrit ce qui suit à propos de la légère notice que j'ai donnée des pensées de Prospéri : *Le premier qui ait proposé un front rectiligne avec des batteries flanquantes dans la capitale du front, a été Montalembert : cependant l'idée-mère de ce tracé se trouve dans un ouvrage antérieur d'environ trente ans,* publié à Mexico *par le lieutenant-colonel du génie espagnol Félix Prospéri, dont Montalembert ignorait l'existence.... Il nous a été impossible de nous procurer un exemplaire de ce livre qui est extrêmement rare.... Nous donnons une description sommaire de ce front, faite par le colonel Emilio Bernaldez....*

Finalement, je citerai, entr'autres preuves de ce que je viens d'indiquer, qu'un commandant du génie de l'armée française, écrivain de beaucoup d'instruction et de talent, dont je ne me crois pas autorisé à écrire le nom ici, m'a écrit une lettre

(1) Paris, 1863.

pleine de prévenances, me demandant des notices sur Prospéri et des détails sur son invention, *car,* dit-il, *ce nom n'existe dans aucun catalogue et est entièrement inconnu au Dépôt des fortifications de Paris,* déduisant de là qu'il s'agissait de quelque manuscrit déposé dans les archives du corps du génie espagnol. J'ai répondu à sa lettre en lui envoyant une copie de l'entête du livre de Prospéri, et lui manifestant le regret de ne pouvoir remettre audit ingénieur un exemplaire que je n'avais pas moi-même : si je l'avais eu je n'aurais pas hésité à le mettre à sa disposition.

Comme conséquence, et par suite de tout ce que je viens de dire, j'ai eu à plusieurs reprises l'intention de faire connaître les projets du vieil ingénieur espagnol, en extrayant une partie de son livre ignoré, pour lui faire honneur, et pour le profit, peut-être aujourd'hui même, de l'art et comme une donnée toujours très-curieuse pour son histoire. Des occupations diverses m'ont empêché de le faire jusqu'ici, et je vais entreprendre cette tâche avec une grande crainte de ne pas parvenir à exprimer convenablement la pensée de l'ingénieur D. Félix Prospéri, mais avec l'espoir qu'en voyant qu'il est de lui et non de moi, le lecteur qui le lira accueillera avec bienveillance le travail que je lui offre.

Je ne terminerai pas cet avertissement sans m'approprier entièrement une déclaration de l'auteur : « Je n'ai pas l'intention de déprécier la méthode moderne, mais d'en démontrer une autre offrant quelques avantages de plus ; et il y aurait témérité de ma part à discréditer l'étude et le travail de tant de grands hommes sous tous les rapports, qui ont discouru avec tant de certitude sur la matière, et cela au prix d'une expérience très-dangereuse…. Je n'écris pas, je l'avoue, pour les commençants, mais pour les chercheurs intelligents ; et, par-dessus tout, je rechercherai la brièveté. »

NOTES

1re. Les paragraphes que je copierai littérale-
ment ou que j'extrairai du livre de Prosperi seront
écrits entre guillemets.

2e. L'ouvrage de Prospéri est illustré de cin-
quante-sept planches, mais j'ai pris seulement les
figures qui suffisent pour faire comprendre le tracé
de son invention ; et cela avec une certaine difficulté, car, comme il le dit lui-même « les burins
d'Amérique ne sont pas habitués aux délicatesses
de la Fortification. »

3e. Quoique l'auteur emploie la toise comme
unité longitudinale, pour m'accomoder au système
des mesures actuelles je ferai la réduction en mètres, et pour simplifier, chaque fois qu'il s'agira
de dimensions supérieures à cent toises, je sup-
primerai, en faisant la réduction, les chiffres déci-
maux quand ils représenteront une quantité inférieure à 50 centimètres ; et quand ils dépasseront
cette quantité, j'augmenterai les mètres d'une
unité pour avoir des nombres entiers.

Nous commencerons par faire connaître les raisons sur lesquelles Prospéri fonde le changement radical qu'il se propose d'introduire dans la manière de fortifier les places de son temps, en extrayant quelques paragraphes du discours préliminaire de son livre :

« Le principal motif, dit l'auteur, qui m'a obligé à écrire sur la fortification, a été de voir tant de contradiction entre tant et de si célèbres auteurs qui ont traité de cette noble science si importante dans l'art militaire, où chacun cherche à faire prévaloir ses maximes en détruisant les maximes contraires, et cela avec une telle obstination, que l'on a fait dépenser aux princes des sommes immenses pour faire des places inexpugnables, sans atteindre le but, parce que l'on a voulu le maintenir dans l'épargne de certains systèmes qui sont toujours les mêmes en substance, quoiqu'ils varient un peu dans la dimension de leurs parties et dans l'ouverture de leurs angles ; sans obtenir ce que l'on désire tant, c'est-à-dire trouver des feux continus et cachés à l'agresseur.

« Je sais que les nouveautés sont de telle condition pour la plupart des hommes et particulièrement parmi ceux qui par leur inapplication (et ils sont innombrables) ne peuvent reconnaître que l'esprit humain est inépuisable, qu'elles font qu'on ne peut consentir à tout ce qui est nouveau ou invention nouvelle ; et selon eux, les choses doivent rester telles que nous les trouvons et telles que nos ancêtres les ont laissées, attendu qu'il est téméraire de sortir de leurs lois et de leurs méthodes. »

« A proportion que la force de l'ennemi a augmentée et s'est renforcée, on a accru celle de la fortification ; mais il faut convenir que l'attaque se faisant sans faute, celle-ci doit livrer les places à l'ennemi. »

« C'est aussi ce à quoi on peut arriver dans leur défense en suivant la méthode des modernes qui ne sert à autre chose qu'à augmenter des dépenses énormes en ajoutant ouvrages extérieurs à ouvrages extérieurs, qui épuisent les trésors des princes, en obligeant à y renfermer un grand nombre de troupes et de provisions qui diminuent notablement les armées.

» Je ne promets pas que le nouveau système que je vais proposer soit insurmontable en tout ; mais je constaterai qu'il offre une résistance plus grande que celui des modernes ; qu'il est meilleur marché ; qu'il défend plus de terrain avec moins de monde ; qu'il n'admet pas d'ouvrages extérieurs, si ce n'est quelques ravelins ; qu'il peut fortifier le triangle, figure inutile jusqu'ici et rejetée par tout le monde ; et qu'il a des flancs munis d'un feu continu et abrité.

» Et j'admets, sans aucun scrupule, quoique avec certaines précautions, les angles aigus (que l'on trouve à chaque pas dans la fortification irrégulière) beaucoup moindres que 60°.

» Le plus petit côté que je donne à mes polygones (non pas extérieurement, mais sur les courtines qui deviennent côté intérieur) est 300 toises (environ 592 mètres) ; ordinairement je les suppose de 340 toises (671 mètres approximativement).

» Je sais que les contradictions ne manqueront pas, mais peut-être seront-elles dues plus à la passion qu'à la raison : que l'ouvrage exposé au public ne sera pas discutable ? Il est impossible de produire à la lumière du jour un objet quelconque dépourvu d'imperfections.

» C'est une chose bien extraordinaire de voir tant d'hommes remarquables et expérimentés avoir des maximes aussi diamétralement opposées. Ils disputent sur une palme (1) de terrain en plus ou en moins, ou sur des angles plus ou moins ouverts, pour décider si les hautes murailles valent mieux que les murailles basses, etc.

» Je pense que la ligne de défense, premier mobile et fondement des fortifications est de deux sortes, l'une pour le canon et l'autre pour le fusil, de manière que les deux armes puissent servir sans se gêner et de manière qu'elles concourent au même effet. »

(1) Mesure de superficie.

DESCRIPTION D'UN FRONT FAIT D'APRÈS LA NOUVELLE MÉTHODE

Maximes

1re. « Toutes les parties d'une place doivent se défendre les unes par les autres. »

2e. « Les flancs doivent être occultés, grands, et avec un feu prolongé et perpétuel. »

3e. « Le tout doit |pouvoir se défendre avec la fusillade. »

4e. « Il faut défendre beaucoup |de terrain avec peu de monde. »

5e. « Les fossés doivent être larges et pleins. »

6e. « On doit préférer les grands bastions et les grands ravelins aux petits. »

7e. « Pour bien fortifier, il ne faut pas s'arrêter aux règles d'aucun auteur, ni à des maximes particulières. »

On découvre, dans cette dernière maxime, la pensée hardie de l'auteur qu'exprime aujourd'hui, en d'autres termes, un écrivain militaire belge, en publiant un livre qu'il intitule : *la fortification éclectique.*

Voyons maintenant l'application faite par l'auteur de ces idées à la fortification d'un côté de triangle.

Le côté AB (fig. 1, pl. 1) est de 340 toises (1) (671 m. 16). En son milieu, on élève la perpendiculaire CD, et, à partir des points A et B, on tire les lignes Aa et Bb qui forment respectivement avec les capitales Ao et Bo des angles de 45 . On tirera de la même manière les lignes DE, DE par rapport à la capitale DC, de manière qu'elles forment un angle droit en D.

Sur les lignes Aa et Bb, on marque les points x, z à 103 mètres des angles A et B et ces lignes font les angles des bastions ; on fait de 118 les lignes

______

(1) Dans l'ordre qu'il appelle *ordre renforcé,* et dont nous parlerons ensuite, l'auteur étend le côté jusqu'à 710 mètres ; Montalembert suppose le côté du polygone de 560 à 580 mètres.

D*m*, D*n* du ravelin. Les prolongements de ces faces et du ravelin (qui se croisent aux points *h*) détermineront, au moment convenable, le bord intérieur du fossé de la grande *langue de terre*, qui existe entre la courtine et le ravelin.

Les flancs de celui-ci doivent défendre les bastions, et, à cet effet, on tire les lignes A*g* B*g'*, de manière qu'elles forment avec les lignes A*x*, B*z* des angles de 6° à 7° qui se couperont au point *a*, et, formant avec elles un angle de 100°, on tracera les flancs *r*, *s* qui défendront respectivement les faces des bastions A, B; et de même leurs fichantes *g'u*, *gu*.

Pour l'usage du feu du fusil, il faut se rappeler que sa portée est de 276 mètres (1), et que ce sera cette distance à laquelle on placera, à partir des points A et B, les batteries ou flancs enterrés, ou les véritables *tranchées p*, *q*, pour battre le fossé et défendre la face du bastion voisin « avec toute commodité. »

A partir de l'angle flanqué du ravelin, et en formant aussi des angles de 6° et 7° avec des faces, on tire les lignes D*t*, D*t'*. Les flancs *y y* sont per-

(1) Nous nous reportons à 1743.

pendiculaires à ces fichantes, en laissant leurs dimensions « au goût de chacun, » de même que
leur rentrée ou leur rentrant. L'auteur leur donne
plus de 30·mètres. On tracera des courbes, soit de
l'angle flanqué du ravelin, soit de ses flancs extérieurs. Les courbes y' et y'', pour le canon, sont
parallèles à celles que nous venons de tracer, et
finalement les lignes c, c' pour la fusillade, en pre-
nant la portée de celle-ci du point D, qui empêche
le choix de ce point d'être arbitraire sur la perpendiculaire CD, comme l'auteur le suppose. Tous
ces flancs défendent le fossé et les faces du ravelin.

Comme les flancs des bastions et la grande
langue de terre ou l'espace entre la courtine et le
ravelin restent découverts par les ouvertures $m'x$
et $n'z$, on élève les traverses A', B', dont la longueur est comprise entre les lignes xn', cz, zm',
$c'x$ et les traverses a', b', pour couvrir la porte qu
tombe au milieu de la courtine en C.

Le fossé (des escarpes parallèles) doit avoir au
moins 47 mètres de large, et est le même vis-à-vis
des bastions que du ravelin.

Dans le saillant du chemin couvert de ce dernier ouvrage, on élève une traverse ou *caponière* de

grosse maçonnerie H, pour mieux couvrir les flancs des bastions.

Dans cette nouvelle méthode, les flancs des bastions ne défendent pas réciproquement leurs faces, mais celles des ravelins, et, à l'inverse, les flancs des ravelins défendent les bastions.

Ce que l'on voit tout d'abord, dit l'auteur, comme parties essentielles de la fortification, ce sont les flancs ; et une des plus grandes fautes qu'on puisse faire c'est de les laisser trop à découvert. L'assiégeant placera les contre-batteries dans le saillant du ravelin ; et une fois celui-ci occupé, il a un feu doublé pour les détruire totalement comme cela se fait ; mais selon notre projet, il n'en sera pas ainsi, puisque, malgré les contre-batteries établies dans le saillant du chemin couvert du ravelin, l'ennemi y trouve une puissante traverse de blocage qui le chagrine d'une façon notable pour découvrir tout le flanc du bastion ; et cette même traverse, même une fois occupée, reste exposée au feu de tout le front de la place, et finalement si le flanc venait à disparaître, il resterait toujours la batterie de la grande fichante.

On peut dire la même chose des flancs des ravelins qui défendent les bastions.

Les uns et les autres étant bas, on ne peut les découvrir de la campagne, mais uniquement à partir du chemin couvert opposé, à moins que l'ennemi n'élève ses batteries à l'excès, ce qu'il ne peut faire sans grandes dépenses.

....

Etant connu le tracé général du front, nous allons traiter des reliefs et de quelques détails d'ouvrages, sans nous écarter des préceptes de Prospéri, quoique sa précision extrême parfois le fasse paraître un peu obscur dans quelques passages de son livre, en dépit de l'exactitude et de l'élégance avec lesquelles il écrit.

Murs. L'auteur s'étonnant de l'énorme dépense qu'exigent les « murailles » (entendons par là les revêtements de blocage) ruinées fort souvent par « le poids de leurs terre-pleins, » qui ne se maintiennent en équilibre qu'à « force de contreforts, » et que « ces promontoires » terminent par une grosseur de 4 1/2 à 5 pieds, c'est-à-dire dans le cordon où on a le plus besoin de résistance, discute une manière particulière de les construire, et dit à cet effet :

« Premièrement, je les dispose en les appuyant et les arrimant sur le terre-plein afin d'arc-bouter la poussée des terres ; mais je les fais basses, pour qu'elles ne demeurent pas beaucoup à découvert, et, en outre, d'une égale épaisseur en haut et en bas pour qu'elles ne s'arrachent pas du fond du fossé, parce que cela est inutile.

La fig. 2, pl. 1, représente le projet de Prospéri. La section de la muraille, ou mur de ravalement, est un parallélogramme. Inclinée à l'horizon, elle s'accroche dans le terre-plein, et suit en partie la déclivité des terres ; les files de pierre ou de brique ne doivent pas être horizontales, mais parallèlles aux bases. Les lettres *a*, *a* dénotent la partie des terres qui travaillent sur la muraille et s'y accrochent, « mais comme celle-ci est inclinée sur elles, elle ne peut tomber dans le fossé. » La muraille doit s'élever jusqu'aux deux tiers de la hauteur totale pour qu'elle ne soit pas battue de la campagne et le tiers supérieur est revêtu en mottes de gazon. » A son dos, il y a quelques petits contreforts éloignés de 4 mètres d'axe en axe.

On ne les élève pas du fond du fossé, mais on y

laisse une grande berme comme on le voit dans la figure. « Une fois, dit l'auteur, que l'on connaît la force et la stabilité de cette muraille, et sa solidité, quelle difficulté y aura-t-il pour l'admettre ? parce que, en effet, elle sert de même que les autres. Pour ce qui regarde la facilité de l'escalade qu'elle offre parce qu'elle est un tiers plus basse que les autres, il n'y a rien à craindre, puisqu'une diligence moyenne de la part de ses défenseurs les délivre de ce danger. »

Ce mur de revêtement, quoique bas, soutient un terre-plein plus élevé.

En comparant le prix de ce genre de mur avec le prix des murs que l'on construit dans les enceintes bastionnées ordinaires, il en résulte qu'il est la moitié plus petit.

Terre-pleins. On doit faire les terre-pleins hauts, selon l'opinion de l'auteur, parce qu'il penche davantage pour les défenses *plongeantes* que pour les défenses *rasantes*, parce que, dit-il, elles dominent mieux la campagne, et font plus de travail à l'ennemi pour le couvrir.

Il leur assigne une hauteur de 2 mètres de plus que celle du profil ordinaire ou de Vauban, comme on peut l'apprécier de même que tout le profil, et le comparer avec celui qui a été nouvellement proposé, en observant les lignes de points de la fig. 2 déjà citée. Il donne, à la largeur de ces terre-pleins, environ 13 mètres et 7 mètres à celle du parapet.

Portes. — On doit les ouvrir au centre des courtines pour la communication avec l'intérieur, avec leurs pont-levis et leurs herses, et renfermer un corps-de-garde susceptible de tenir « une garnison nombreuse » et une quantité de troupes avec des salles pour les officiers ; et aux extrémités de l'édifice, dans sa façade intérieure, on doit former deux cours fermées par des murs tracés en forme de demi-bastions, pour flanquer l'entrée.

Chemin couvert. — Le chemin couvert a 13 mètres de large ; car, dit l'auteur, quoiqu'on leur ait assigné une dimension de 5 toises (9 m. 87), j'aime les chemins couverts spacieux, cependant ce n'est pas une loi inviolable. « La première raison est que, dans la retraite des *sorties* qui est ordinairement précipitée, le même rétrécissement de chemin couvert a été souvent fatal aux défenseurs mêmes qui, amoncelés dans le fossé s'y sont étouffés ». « La seconde raison est que je voudrais défendre ledit chemin avec une certaine portion de cavalerie quand le cas l'exigerait, et elle ne pourrait manœuvrer dans un emplacement aussi étroit; outre qu'on la tient là prête à accompagner l'infanterie dans les sorties, car personne n'ignore l'utilité que l'on tire de ces armes réunies quand on les fait opérer à temps. »

Ce chemin est à la même cote que la langue de terre, « lorsque quelque raison n'oblige pas à le faire de 1 à 2 pieds plus bas. »

Places d'armes. — Comme à l'ordinaire.

Traverses en capitale. — Sur le chemin couvert et en avant de l'angle saillant du ravelin, on élève une « traverse de blocage » ou caponière, pour couvrir les flancs des bastions et enlever de cette façon, à l'agresseur, une grande partie de terrain qui lui convient pour établir ses contre-batteries.

La figure 3 représente une caponière. Elle entre de quelques mètres dans le fossé en y faisant des recoudes, où l'on peut garder les barques qui servent à relever la garnison du chemin quand on ne

veut pas la faire passer par les ponts. La hauteur
totale de la traverse est de 10 à 12 mètres. *AB* est
une grande voûte allant dans la direction de la
capitale, et « reste à l'épreuve de la bombe ». Elle
peut contenir la cavalerie et être le corps-de-garde
principal de tout le chemin couvert. Dans la partie
supérieure de cette voûte est le « velum » (creux)
E pour conserver en tout temps les vivres et les
munitions, en temps de paix la poudre ; *a, a*, sont
des galeries couvertes pour la fusillade ; on peut
les laisser à découvert par économie.

Estacades. — L'auteur regarde leur emploi
comme évidemment avantageux, en les faisant
comme les a proposés Coëhorn.

Langues de terre. — Notre auteur appelle ainsi
les larges portions de terrain qu'il laisse en avant
des courtines ; et, d'après ce que nous avons vu,
les prolongements des faces des bastions et des
ravelins forment leur contour.

On y ouvre les « batteries enterrées » pour la
fusillade, et dans leur espace même, « on peut en
ouvrir d'autres pareilles pendant la nuit et avec de
grands avantages . »

Tout ce terrain reste cultivé en temps de paix avec de bons potagers et jardins, de conservation sûre et à l'abri des insultes du bétail gros et petit, et c'est un passage commode en tout temps pour aller aux ravelins. « On peut même y faire usage de la cavalerie en temps de guerre » former dans son périmètre certains coudes pour tenir à l'abri les petites barques qu'emploie la garnison du chemin couvert.

Fossé. — « Un bon fossé est si nécessaire à une bonne fortification, qu'on peut dire que sans lui il n'y a pas de place forte. Je les fais faire parallèles, parce qu'il n'y a pas de raison pour assigner aux ravelins, qui sont des ouvrages de beaucoup d'importance, un fossé plus petit qu'à une partie de la place. Leur largeur varie de 47 à 59 mètres avec une cunette au mileu ou à l'endroit où on le juge à propos.

» Sa plus grande profondeur sera de 6 mètres, en avertissant qu'au pied de la muraille de la place ou des ravelins, il n'en a aucune, mais seulement une déclivité, à la place de la berme, finit à fleur d'eau si le fossé est plein. »

Angles saillants ou flanquants. — L'auteur repousse l'idée que les angles flanqués ne doivent pas être moindres de 60°; car quoique nous ayons vu qu'il se sert d'angles droits, comme il faut que la fortification s'adapte aux conditions et à la forme de la localité, ces angles peuvent être forcément plus petits; et il entend qu'il ne faut pas les négliger pour aigus qu'ils soient. A cet effet, il laisse construire les escarpes et les murs de revêtement sur les côtés de l'angle, même quand il est de 30°; et il retire le parapet dans le saillant qui prendra la forme circulaire en cet endroit. De cette manière, dit l'auteur, « quoiqu'on ne découvre pas la portion circulaire (le parapet) de celui qui flanque, on découvre très-bien la partie inférieure (les escarpes), par où l'ennemi doit venir forcément. »

Nous n'irons pas plus loin rappeler en passant qu'une idée semblable a valu de grands applaudissements à l'ingénieur Choumara, qui a écrit plus d'un siècle après Prospéri. (I)

(1) L'idée de détacher les murs d'escarpe des terres n'était pas une nouveauté; on l'avait appliquée dans un grand nombre de places fortes en Espagne, entre autres à Dénia, Girone, Fontarabie, etc.; de là lui vient le nom de revêtements *à l'espagnole* sous lequel ils sont connus parmi les officiers français. FALLOT *Cours d'art militaire.*

Bastions. — Les bastions qui sont les « murs avancés » de la fortification, dit l'auteur, et en quoi consiste la principale force d'une place, sont d'une contenance supérieure à celle de ceux qu'on a faits jusqu'ici. En effet, avec leurs angles flanqués droits et leurs faces de 103 mètres, ils comprennent un espace si ample et si commode, qu'il permet d'y élever de grands retranchements : en cas de besoin, on peut les convertir en citadelle à peu de frais et y enfermer des logements et des magasins.

Les oreillons ou réduits des mêmes bastions, pour la défense de leurs flancs, sont très-forts, puisqu'ils n'ont pas moins de 15 à 17 mètres d'épaisseur.

Flancs. — Le chapitre que l'auteur consacre aux flancs nous paraît si intéressant et si curieux que nous ne pouvons faire moins que de le reproduire en partie, en y faisant seulement quelques corrections de style pour lui donner plus de clarté.

Il dit donc :

« Il est temps que nous expliquions ce qu'il y a de plus essentiel dans toute fortification. Véritablement, une armée entière voit ordinairement ses plans déjoués et perd ses grandes forces devant une place bien fortifiée et flanquée ; et pour celle-ci, une fois ses flancs rendus, il n'y a pas de salut possible. Tel a été et tel est encore l'objet principal, et la pensée de tous ceux qui se sont appliqués à la fortification, et l'attention de tous les hommes d'un talent éminent qui ont écrit beaucoup de livres sur ce sujet.

, Dans le but d'obtenir des feux bien assurés, plusieurs ont inventé les casemates pour se délivrer des bombes ; mais après avoir fait de grandes dépenses, l'expérience les a détrompés, parce que l'éclatement et la fumée du coup les secoue de telle façon et les paralyse si bien qu'elles deviennent absolument inserviables, cependant je les admets, avec une idée directe et variée. »

Flanc intérieur de la fichante. — J'appelle ainsi la défense que je mets dans la fichante maxima Dt de la figure 1 ou IK de la figure 4, planche 2. Dans toute cette ligne il y a un feu abondant et très-puissant ; GH est le flanc intérieur, sur la même fichante et se compose d'une galerie ou série de casemates à l'épreuve de la bombe avec leurs canonnières ou fenêtres 1, 2, 3, 4, 5, etc., par lesquelles le canon s'aperçoit et tire avec commodité sans embarrasser les flancs droits AC, BD, ni les autres canons qui sont sur la même ligne. J'appelle cette ligne, grande fichante, *fijante máxima*, parce qu'elle est la plus grande de toutes et que c'est d'elle qu'on tire un feu aussi abondant. Je dois avertir que, plus ces flancs sont élevés dans leur partie intérieure, plus il entrera de canons dans la ligne.

Il est constant que le feu de ces canons est continu et à l'abri de toute insulte, puisque l'agresseur ne peut le découvrir ; car d'un côté, il est occulté par l'angle flanqué, et de l'autre il découvre toute la face qu'il doit défendre.

Ce que l'on a dit de la batterie occultée dans la grande fichante des bastions doit s'entendre de la même façon pour celle des ravelins.

Flancs droits. — Ils sont représentés par les lignes AC, BD de la même figure 4. Il peut y en avoir trois, si le profil doit être plus élevé. Ces flancs mis de cette façon n'ont jamais pu être couverts à la vue de l'agresseur ; ici on a prétendu les couvrir de manière qu'on ne puisse les détruire facilement, et ils fournissent un feu abondant et actif. Je les ai mis ainsi pour suivre aussi l'usage, mais je propose de les remplacer par des flancs obliques comme je le dirai. « Les descentes aux flancs droits sont en $p'p''$. »

Tous doivent être revêtus jusqu'à la moitié de leur hauteur, pour éviter que leur ruine ne rende les plus bas inutiles.

Ces flancs ont défendu jusqu'à présent les faces opposées des mêmes bastions, réciproquement ; mais dans cette méthode ils se dirigent pour défendre les ravelins comme des *extérieurs* très-importants, et ceux-ci, à leur tour, défendent les bastions avec une force extraordinaire.

Nous devons avertir que tous nos flancs n'ont pas d'autre office particulier que de défendre les faces opposées, c'est-à-dire, celles vers lesquelles se dirigent leurs feux, et sur la partie du fossé qui leur correspond, mais non la campagne comme les flancs de fortification que l'on emploie, car pour cela ils se trouvent extrêmement exposés et contrebattus par le canon ennemi. La place doit avoir pour office particulier de battre la campagne, pourquoi ? à quoi bon établir la ligne de défense à portée de fusil, si l'on nous commande de battre la campagne à partir des flancs ? Ceux-ci ne s'éta-

blissent que pour défendre l'accès de la place et
de son enceinte.

Flancs inférieurs ou épaulements pour fusillade.
— Pour ce qui touche à la fusillade, on comprend
déjà par les figures, et on voit dans la figure 4, la
batterie ou épaulement pour l'infanterie, signalée
par la lettre E avec son contre-épaulement ou traverse F, où l'on va par la porte *p* qui se trouve à
l'extrémité inférieure de la galerie GH.

Flancs obliques. — Ces flancs, fig. 5, pl. 2, dont
je fais grand cas, sont comme les représentent les
figures indiquées en D et en perspective en D'. On
voit que chaque canon doit être monté comme
ceux de la grande fichante, qu'il tirera de la même
façon et restera aussi couvert qu'eux. « Ils ont
devant eux un oreillon qui forme le parapet, même
qui leur sert de contre-épaulement ou de traverse. »
Parfois il ne sera pas nécessaire de les couvrir,
et alors on supprime les voûtes en laissant les
pieds droits.

« De pareils flancs, dit l'auteur, paraîtront ridi-
cules à qui ne connaît pas l'importance de leur

usage ; mais non à celui qui apprécie la chose et l'utilité d'une pareille disposition. »

On peut doubler les feux dans ces flancs en multipliant les canons dans le même terrain, comme on le voit en H, H'.

« On avertit qu'en couvrant ces flancs à l'épreuve on ne tombe pas dans l'inconvénient de la fumée parce que les voûtes restent ouvertes par derrière, comme on le voit dans le plan. »

Flancs enterrés ou *tranchées*. — A présent que nous parlons des flancs, il est à propos de traiter de ceux qui doivent servir pour le tir du fusil, comme arme si nécessaire dans la défense d'une place, qu'on doit la placer en l'affranchissant des dangers de parapets et de l'embarras du feu de l'artillerie ; et en faisant servir les deux armes à la fois, sans que l'une gêne l'autre, en accommodant le tir de la plus faible à la distance qui lui convient, en la mettant à sa portée régulière comme en p et q de la figure 1.

« Nous toucherons ici incidemment le problème si disputé et pas tout-à-fait résolu, de la préférence du feu fichant sur le feu rasant, et je n'ai pas grand'peine à prouver que le premier fait plus de mal que le second; mais je parle de celui que fait le front d'une place sur la campagne et non de celui de nos flancs enterrés. »

« Si les ennemis, en se présentant devant une place, se rangeaient en escadrons et faisaient parade de leurs forces, j'avouerais que le feu horizontal est le meilleur de tous; mais comme je sais que l'agresseur ne se présente pas ainsi; mais qu'au contraire il reste séparé avec toute la précaution possible, et qu'il peut se couvrir de ce feu rasant, j'en fais peu de cas. On a plus de peine à le couvrir du feu fichant. »

« Par là on peut résoudre le doute proposé, de savoir lesquelles des places élevées ou des places basses sont les meilleures. Je serai toujours pour les plus hautes, pour la raison alléguée, et parce que l'expérience prouve qu'il faut plus de sang, de travail et de temps à l'ennemi pour s'en rendre maître. »

« Je ne prétends pas pour cela que le feu horizontal aie peu de valeur, parce que ce serait rendre inutiles les flancs enterrés que je propose pour la fusillade au niveau du chemin couvert et qui sont destinés à la défense du fossé et des faces des ravelins et bastions, qui découvrent admirablement : et qu'ils pourraient faire beaucoup d'effet dans les contre-batteries de l'agresseur, parce que le retranchement de celles-ci est défectueux, parce qu'on le fait à la hâte.

« Ces flancs (ou mieux ces tranchées) sont ouverts dans le sol de tout ce qu'il faut, en laissant deux banquettes : avec les terres qu'on en tire on forme dans la partie du dehors une esplanade ou une espèce de glacis. »

Sans doute, en établissant ces flancs séparés de ceux de l'artillerie, je ne blâme pas absolument qu'on mette des fusiliers entre les canons des flancs élevés ; j'approuve plutôt qu'on mette au milieu deux de bons *tireurs de carabine rayée* et quelques mousquetons à chevalet, car j'estime beaucoup ces armes pour leurs effets admirables ; ce que je condamne véritablement, c'est le placement d'un grand corps d'infanterie entre les canons, par le grand embarras et le grand danger qui en sont la conséquence, et qu'étant gênés par les nuages de fumée de l'artillerie, ces hommes tirent à l'aveugle dans le meilleur moment. Dans les flancs enterrés il n'y a pas ce danger ; outre qu'ils peuvent se couvrir des pierres que lancent les mortiers en s'abri-

tant de la partie d'en haut avec certaines poutres
ou madriers.

Ravelins. — Dans cette méthode les ravelins
ne sont pas seulement des ouvrages importants,
mais nécessaires; car ayant donné aux bastions
la fonction de se défendre réciproquement, ils sont
obligés à la défense absolue des ravelins, et les
ravelins doivent défendre les bastions ainsi que
nous l'avons vu.

L'auteur donne aux ravelins 118 mètres de côté
pour qu'ils aient de la capacité. Ils se composent
d'une partie haute et d'une partie basse. La partie
haute (dont le plan de feu passe à 2 mètres en bas
de celui du corps de la place), s'étend depuis l'an
gle flanqué jusqu'aux fichantes ; c'est-à-dire,
qu'elle se termine aux galeries ou casemates CE,
CE, fig. 6, pl. 3. La partie la plus basse est re-
présentée en K, G, et la rampe H les fait commu-
niquer l'une avec l'autre. Les flancs bas *d*, *d*,
doivent rester couverts à revers par les faces prolongées du ravelin dont le parapet est plus élevé.

Les casemates et les flancs bas défendent
puissamment les faces des bastions et une grande
partie du fossé. Pour que les feux des premières ne

nuisent pas aux flancs bas on peut les prolonger un peu au-delà de la fichante de rigueur. ›

‹ Les petits flancs extérieurs *m*, *n*, peuvent être plus ou moins grands, à volonté ; ils couvrent admirablement les flancs intérieurs et battent bien le fossé et le chemin couvert. ›

Ces flancs extérieurs peuvent aussi se remplacer par d'autres, établis dans la partie haute comme on le voit par les lignes des tracés *m'* ; qui se font sur les galeries CE, CE.

Le terre-plein de la partie la plus haute peut, si l'on veut, se faire en deux ou trois marches ou grands bancs ; qui viennent s'abaisser vers la place, en abaissant aussi à proportion les galeries casematées, afin que tout soit vu de la courtine. ›

‹ L'angle flanqué, quoique droit, doit s'arrondir pour avoir plus d'action. ›

L'auteur croit que pour donner plus de résistance aux flancs droits bas, on peut sans inconvénient les faire de la même manière qu'il propose pour ceux des bastions qu'il convertit en *flancs obliques*.

Ces ravelins ont en outre sur ceux que l'on construit ordinairement les avantages d'un fossé principal qui les garantit mieux et une communication prompte et sûre avec la place.

Artillerie des fichantes. Nous avons déjà vu que l'auteur appelle « fichantes » les portions (voir la fig. 1) Ag, Bg' et Dt, Dt', des lignes qui se dirigent des flancs des bastions au saillant du ravelin, et des flancs intérieurs ou de revers du ravelin aux saillants des bastions, et que dans lesdites fichantes « il établit divers canons dont les axes sont dans un même plan vertical, quoique à une hauteur différente ou dans un plan horizontal distinct. »

En observant la fig. 7, pl. 3, on peut se former une idée complète du but de l'auteur.

L'affût à trois zones a, a possède un mouvement circulaire autour de la cheville fixe O. La pièce (1) se montre pour tirer à la fenêtre ou embrasure b en s'appuyant dans le modillon, « relief ou ban » c, c' ; et quand le recul s'opère après le coup tiré, l'affût rentre dans la casemate avec son canon, en traçant un arc dont le centre est la cheville O déjà citée. Alors on retourne charger la pièce dans la casemate. Si l'on croit que la zone

(1) Canon de 24.

qui reste à l'intérieur, quand le canon est en batterie, doit être très-exposée au feu de l'ennemi,
on peut la placer aussi à la partie intérieure pour
qu'elle ne soit pas vue du dehors.

« Cette idée, dit Prospéri, a été mise en pratique,
ainsi que me l'a expliqué le capitaine de frégate
D. Antonio Caslanida, qui commandait l'expédi-
tion, sortie de la Havane, contre les colonies an-
glaises, en 1742, et on trouva, à la prise de leurs
fortifications, une sorte de canon ainsi monté,
avec peu de différence, et très-maniable.

Casemates. L'auteur les admet, malgré que de
son temps elles fussent complétement abandon-
nées, parce que la fumée qui s'y renfermait quand
l'artillerie commençait à jouer, les « faisait consi-
dérer, dit Prospéri, comme ayant une utilité fort
restreinte et même nulle. »

Nous avons déjà vu que, dans des points donnés
comme dans les flancs dits obliques, ils les établit complétement ouvertes à dos ou à la gorge;
mais dans les endroits où cela ne se fait pas,
comme dans les fichantes, par exemple, il propose
un remède en employant certains grands soufflets
ou une machine semblable au ventilateur des ga-

leries de mine, pour faire sortir la fumée arrêtée sous la voûte. Ce moyen est le seul à son jugement qui puisse les rendre propres au service; car il dit : « Ceux qui ont fait des soupiraux dans les voûtes n'ont pas fait attention que la fumée de la poudre est, par sa nature, lourde et humide, et qu'elle ne devait pas passer spontanément par les dits canaux avec la vitesse requise, à moins qu'elle n'y fût obligée.

Canonnières. Prospéri a imaginé aussi une disposition que nous représentons dans la fig. 8, pl. 3, pour fermer les canonnières pendant le chargement de la pièce (1). « Considérant, dit-il, la grande utilité qu'il y a à couvrir les artilleurs, et à les garantir, autant que possible, du grand danger que souffrent les batteries, car comme ils sont les principaux agents en temps de siége, il est juste de leur donner cet avantage. »

Le solide A qui tourne sur deux tourrillons, et est composé de tronçons de bois et de cercles de fer, doit occuper la cavité A' pour laisser la canonnière ouverte; dans le gros anneau qu'il a à la

(1) Nous en avons fait mention dans la *Fortification moderne*, 1860.

partie supérieure, on assujétit une chaîne *b* que l'on attache par l'autre extrémité à l'astragale du canon, qui, reculant après le coup, soulève le solide qui ferme la canonnière.

En mettant le canon en batterie, celui-ci revient à sa position naturelle dans la cavité A.

Jusqu'à présent nous n'avons cité la construction du front proposé appliqué au côté du triangle, figure rejetée, selon l'auteur, par les ingénieux précédents en raison de ce que les angles qui en résultaient étaient trop aigus. Comme il les change en angles droits dans la méthode, cet inconvénient disparaît; c'est pour cela qu'on en déduit qu'elle s'appliquerait plus facilement à tous les autres polygones.

Nous indiquerons légèrement les petits changements qu'il introduit en traçant ses fronts.

Sur le carré. — Les angles étant déjà droits, les faces des bastions se tracent sur ses côtés.

La perpendiculaire sur le milieu du front est prolongée jusqu'à rencontrer la circonférence du cercle circonscrit au carré.

Sur le pentagone. — Les grands rayons se pro-

longent 63 mètres au-delà des angles, et on trace
une circonférence avec ce nouveau rayon ; on en-
trouvre les sommets des angles flanqués qui sont
droits, ceux des bastions et du ravelin ; c'est-à-dire,
que celui-ci se trouve au point où ladite circonférence coupe la capitale du front.

Sur l'hexagone. — Dans le prolongement des
rayons majeurs, c'est-à-dire les capitales, on prend
47 mètres pour fixer la situation des angles dans
la capitale des bastions. Sur la capitale du front on
prend 147 mètres, et ce point marquera le sommet
de l'angle flanqué du ravelin.

Dans cette figure, de même que dans les polygones d'un plus grand nombre de côtés, les prolongements des faces du ravelin et des bastions ne
peuvent signaler le contour de la langue de terre,
parce que ces lignes vont se rencontrer plus en
arrière de l'oreillon du bastion, par lequel on trace
ledit périmètre ou l'escarpe du fossé, tirant une
ligne depuis l'angle flanqué du ravelin jusqu'audit
oreillon.

L'auteur comparant la surface que renferme le
triangle fortifié d'après sa méthode et avec ses
671 mètres de côté avec celle que comprend l'he-

xagone fortifié par la méthode de Vauban, et dont
le côté intérieur est 205 mètres, on déduit que rien
qu'avec ses trois bastions, il embrasse une étendue
beaucoup plus grande que les modernes avec les
six de leur hexagone ; et il ajoute que l'augmentation des bastions entraîne une augmentation dans
les dépenses et la nécessité d'une garnison plus
nombreuse. « La méthode présentée remédie à
tout, dit-il, si elle n'avait pas contre elle le pré-
jugé. »

....

OBSERVATIONS

On entend par front ou tracé polygonal celui
qui reçoit son flanquement d'un ouvrage placé à
l'extérieur et sur la capitale du côté du polygone
en y supprimant par conséquent le croisement des
lignes de défense qui |distingue le système bas-
tionné; et si le côté du polygone conserve sa direction rectiligne, on l'appelle *tracé polygonal simple.*

Soit: l'inspection de la figure 1 et la légère description que nous on avons fait nous paraissent
prouver qu'il a suffi de trente-quatre ans avant
Montalembert, dont les projets ont paru en 1777 (1),
pour que Prospéri ait présenté le tracé d'un front
polygonal parfait, et s'il n'a pas eu pour objet principal et ordinairement irréalisable d'accumuler
dans les positions fortifiées un nombre si élevé de
pièces d'artillerie, qu'il rendait impossible selon
son jugement la marche de la sape et l'établisse-
ment des batteries de brèche, il avait déjà découvert dans le front bastionné les mêmes défauts que
Montalembert lui a supposés depuis et porté plus
avant que lui la hardiesse dans l'extension du front
par l'usage du canon pour le flanquement, dans l
suppression des ouvrages extérieurs, dans la liberté d'admettre des lignes de toute longueur et
des angles d'une ouverture quelconque; en un mot
dans la réforme radicale et profonde qu'il a tenté
d'introduire dans ce qui avait été reconnu pour
imperfectible dans l'art de fortifier les places par
les militaires de son temps.

Et comme il a précédé Montalembert dans ce

(1) Dans la même année il publia la seconde partie de son
grand ouvrage où il traite du système polygonal.

que nous avons dit, il a précédé aussi d'autres auteurs de beauconp de mérite dans l'exposition des idées les plus culminantes de ses inventions auxquelles ils doivent ordinairement leur célébrité.

Rappelons que Montalembert, dans son plan de fortification pour Cherbourg, propose une longueur de 560 mètres pour les fronts polygonaux et Prospéri porte cette dimension jusqu'à 710.

Que pour développer la propriété la plus saillante des demi-lunes et des ravelines qui consiste à former des rentrants prononcés et à intercepter, dans des cas donnés, les prolongements des lignes de l'enceinte, on s'en est toujours éloigné de plus en plus depuis Vauban jusqu'à nos jours; car le sommet de la demi-lune du front de Neuf-Brisach ayant un saillant de 78 mètres sur le côté antérieur, Cormontaigne l'a porté à 88 dans son système, Noizet à 140, Haxo à 154, et il est positif que Prospéri a mis le sommet de son ravelin à 197 mètres et parfois plus de son enceinte.

Que de la même façon, les reliefs qui, pour les anciens ingénieurs, ne devaient pas passer 8 à 9 mètres et qui diminuèrent pendant un moment et par le conseil de Vauban jusqu'à 6 mètres 50, ont augmenté ensuite de manière qu'avec Noizet et Haxo la hauteur de l'escarpe en plus du parapet dans le corps de la place donne un total de 11 à 12 mètres ; et Prospéri a élevé cette mesure à plus de 14.

Que la largeur des terres-pleins que celui-ci propose de 13 mètres, n'a pas dépassé ensuite 11 mètres 50 et 12 mètres. De manière que pour rencontrer ces grands massifs de terre auxquels Prospéri a donné tant de valeur, et que l'on prône tant comme l'unique moyen peut-être de résister à l'action puissante de l'artillerie, il faut arriver jusqu'à la place toute nouvelle d'Anvers, la plus notable du XIXe siècle.

Nous pourrions faire des observations analogues relativement à la largeur des fossés et autres particularités, comme par exemple, au sujet de l'invention des langues de terre, de ce grand espace qui doit se changer en champ de combat et qui peut et doit le défendre énergiquement, comme son auteur l'indique en y ouvrant de nouvelles tranchées à mesure que l'on détruit ou qu'on abandonne celles qui étaient construites à l'avance ; au sujet de la facilité d'introduire l'emploi de la cavalerie à l'appui des sorties ou pour assurer

leur retraite, idée qui depuis a tant occupé Carnot ;
au sujet de la proposition aujourd'hui très-adoptée
d'établir le parapet indépendant de son escarpe ;
au sujet de la pensée de supppimer la partie visible
des blocages des revêtements, et de l'idée très-in-
génieuse de mettre de bons « tireurs » entre les
servants des pièces dans les batteries de l'enceinte.

Quant aux feux de revers, nous croyons que
personne, avant ni depuis lui ne les a généralisés
autant ni proposé des feux plus vigoureux que
ceux qu'il met dans la « tenaille » ou la gorge de
ses ravelins.

En résumé, le tracé en général et tout, jusqu'aux moindres détails, selon notre manière de
voir, nous invite à fixer l'attention sur les projets
de Prospéri, véritablement remarquables si l'on
considère la portée et la puissance qu'avaient en
son temps les armes à feu, puisqu'alors, dit l'auteur, « la portée commode de la fusillade était de
140 toises » (276 mètres approximativement) (1) et
que selon le maréchal Vauban, une batterie placée

(1) Brialmont calcule que la puissance du fusil d'infanterie
est aujourd'hui quadruple de ce qu'elle était *v* temps de Vauban.

à 300 toises faisait plus *de bruit que de mal ;* en outre les feux en hauteur n'étaient pas à craindre
parce que, même dans les temps postérieurs à
Montalembert, on n'avait pas l'expérience de la
possibilité d'ouvrir la brèche dans les blocages
isolés sans les voir.

Mais nous n'allons pas discuter ici la valeur
réelle de la méthode de notre auteur, ni le plus ou
moins d'utilité que nous pourrions tirer de sa connaissance ; il nous suffit de constater qu'il a été de
beaucoup en avance sur son époque, que ses idées
ont fait fortune, comme on dit vulgairement, puisque nous voyons admises celles que jusqu'aujour-
d'hui on appelle de Montalembert et de quelques-
uns de ses successeurs ; que, considérées en masse,
elles sont aujourd'hui même dignes d'être exami-
nées et méditées ; et que finalement, nous donnons
satisfaction à la curiosité légitime et naturelle des
hommes studieux, qui, comme nous l'avons dit
plus haut, se sont arrêtés à l'indication sommaire
que nous avons faite dans une autre occasion d'un
auteur si inconnu, qu'aucun traité général en particulier de fortification n'en fait la plus légère mention.

Nous pourrions toutefois ajouter que, comme

dans toutes les constructions modernes on a fait
complétement abstraction de ces immenses murs
de pierre garnis d'artillerie par Montalembert, il ne
subsiste de celui-ci que les projets qui le distin-
guent véritablement de Prospéri.

Si l'on réfléchit à la rareté et à la lenteur des
communications entre l'ancien et le nouveau con-
tinent au commencement du XVIIIe siècle, il n'y
a pas moins d'intérêt dans le fait qu'un homme
placé dans un coin de l'Amérique, très-loin, par
conséquent, de l'agitation scientifique, si l'on peut
ainsi parler; du centre de l'Europe, où l'on discu-
tait dans le moment tant de questions de droit en
résolvant au moment propice les problèmes militaires les plus douteux, ait élevé la voix avec une
vaillance sans pareille, voulant abattre les maximes reconnues de son temps comme par l'art de
défendre les places, et même attaquer les détails
de leurs constructions.

Mais l'éloignement même où il se trouvait a
sans doute été cause que ses projets audacieux ont
fait peu de bruit pour lors dans le monde militaire :
sa position singulièrement inférieure à celle qu'oc-
cupait dans la société l'innovateur Montalembert,
général distingué, académicien et grand seigneur,

n'a-t-elle pas influé sur le dédain de la fortune à son égard?

Après l'exposé qui précède de sa méthode de fortifier, Prospéri s'occupe à énumérer ses avantages, en comparant sa valeur défensive avec celle que pouvait avoir la méthode bastionnée qu'il appelle « moderne, » et qui n'est autre que celle de Vauban; car les ouvrages posthumes de son correcteur *Cormontaigne*, le plus heureux des disciples de Vauban, comme l'appelle Bousmard, n'ont été publiés que plusieurs années après sa mort, arrivée en 1752, quoique l'on eut déjà fait l'application de quelques-unes de ses idées en dirigeant les constructions de la double couronne de la Moselle en 1728 et de Belle-Croix en 1733; mais elles étaient inconnues à Prospéri et, tout au moins, il ne s'en occupa pas, puisqu'en évaluant ses projets, il dit : Je me prévaudrai, pour démontrer les défenses d'un front, des meilleurs auteurs et de celui que j'ai toujours suivi comme un maître, et je suivrai, toutes les fois que j'en aurai l'occasion, le maréchal de Vauban, qui est avec raison l'oracle de la fortification moderne.

Comme il s'agit d'armes à feu et de dispositions d'attaque distinctes et inférieures à celles qui sont usitées aujourd'hui, il nous parait inutile de copier à présent le parallèle que fait l'auteur, et dont nous avons indiqué les principaux arguments et les déductions en commençant cette première partie.

A la rigueur nous devrions terminer ici notre écrit, parce que ce que nous avons extrait est le principal du livre de Prospéri; mais puisque nous l'avons sous les yeux, et afin qu'on puisse se former une idée plus juste de son travail, nous ajouterons dans la seconde partie, quoique ce soit en y touchant très-légèrement, ce qui arrive pour renforcer sa méthode ou la simplifier dans des cas déterminés, et aussi pour la manière de l'adopter à un terrain rompu ou à un polygone irrégulier.

DEUXIEME PARTIE

DE L'ORDRE RENFORCÉ. — DE L'ORDRE SIMPLE. — DE
LA FORTIFICAITON IRRÉGULIÈRE. — CONCLUSION. —
PRÉCIS BIOGRAPHIQUES.

Dans le discours préliminaire qui se trouve en
tête de son livre, Prospéri dit : Je divise ma fortification en trois ordres, savoir : le double, le renforcé et le simple. L'ordre double, qui est le principal, est celui que je suis ordinairement.

Ce que nous avons exposé jusqu'à présent ap-
partient à ce que l'auteur appelle la méthode double, ou ordinaire. Voyons à présent comment il la
renforce ou la simplifie, selon que le demandent
les circonstances locales ou économiques, « en
laissant les autres figures qui suivent le triangle,
parce qu'en substance, c'est la même chose et une
même méthode. »

Ordre renforcé

Le côté A B du triangle mesure 711 mètres (voir la fig. 9 pl. 4).

Le point D où la perpendiculaire au centre de côté rencontre la circonférence du cercle circonscrit ADB, est l'angle saillant ou du sommet du ravelin, quoique cette mesure ne soit pas égale pour les polygones d'un plus grand nombre de côtés, on le fixera toujours par la distance régulière à laquelle ce point doit être des flancs des bastions. Les angles flanqués A, B et D sont formés droit, et leurs côtés AE, BF, DP, DL, sont « les faces des contre-gardes que j'appelle, dit l'auteur, *cuirasses*, parce qu'elles en font plus l'office que celui de contre-gardes. » Ces lignes prolongées déterminent, les unes les extrémités P, L, de la cuirasse du ravelin, et les autres la situation des flancs des bastions. Les lignes DI, DQ seront tirées comme en avant de l'ordre double ou ordinaire, et les lignes MN, MO, *aa'*, *bb'* parallèles et éloignées de 15 à 20 mètres des cuirasses, détermineront les faces des ravelins et celles des bastions séparées de leurs cuirasses par un fossé sec, de même que les limites N et O des flancs. Les lignes AG et BH traceront la tenaille RTS et avec elle les flancs de revers et les fichantes ; les flancs bas et les épaulements pour la fusillade se tracent comme dans la méthode ordinaire.

Les cuirasses du ravelin demeurent toujours séparées de ces faces ; mais dans les bastions on peut fermer le fossé sec aux points x, x, en formant là une batterie haute dans le prolongement de l'oreillon du bastion.

Dans tous les angles flanqués on établit les tours bastionnées par des « traits arbitraires » selon l'auteur, et elles sont représentées dans les espaces rayés Z et Z' de la figure 9, et dans le plan et le profil de la figure 10, planche 3. Le vide O est laissé pour la clarté du fossé sec, qui continue sans interruption en bas de la grande voûte A.

On peut voir aussi dans ce profil la différence de relief entre le corps de place et les faces du ravelin et les cuirasses.

Il suffit de ce qu'on a dit pour que le lecteur comprenne de quelle manière on renforce le tracé double ou ordinaire ; certainement ce n'est pas beaucoup ni une chose d'importance comme le même auteur le reconnaît dans les paragraphes suivants :

« L'utilité de ces tours n'est pas véritablement des plus grandes, parce que quoi qu'elles nous donnent des feux de tous côtés par leur rondeur dans les angles, ceux-ci s'obtiennent sans elles avec une faible différence, et ceux que nous avons en plus sont ceux de leurs flancs, mais quoique ceux-ci battent bien les fossés, ils sont exposés et on peut les réduire, si l'on veut, en laissant découverts les fossés intérieurs des bastions.

» Tous les membres de la Faculté connaîtront avec un simple coup-d'œil le vol civil que j'ai fait et à qui je l'ai fait, c'est au lieutenant général Coëhorn, mais avec cette distinction, que dans ses contre-gardes, il met du monde et de l'artillerie, et ici il ne peut y avoir d'artillerie. Dans les siennes on fait une garde formelle, dans celles-ci non, et c'est pour cela qu'il n'est pas bien de leur laisser le même nom. »

De l'ordre simple

Au milieu du côté extérieur *ab* (fig. 11, [pl. 4) que l'on suppose seulement de 350 mètres de long,

on abaisse la perpendiculaire *dc* de 10 mètres : le
point *c* se joint avec les points *a* et *b*, et dans le prolongement des lignes *ab* et *bc* seront les fichantes
fe, *g q* qui se terminent en *q* et en *e* à la distance de
24 mètres des capitales des angles. Du point *c* jusqu'à *h* on prend 10 autres mètres, et l'on tire les
lignes *hn*, *hm*, qui ne sont parallèles aux lignes *ce*
cq qu'avec une légère déviation ; nous aurons ainsi
la courtine. Aux faces des bastions on donnera
118 mètres, en les terminant aux points *y l*, éloignés seulement de 4 mètres des plongeantes. Sur
la capitale du front on trace le ravelin en angle
droit *oo'o* en lui donnant environ 50 mètres de sail-
lie, et de manière que les extrêmités de ses côtés
n'embarrassent pas le feu des flancs et des fichantes. Le fossé parallèle est de 17 mètres de large, ou
quelque chose de plus si l'on supprimé le chemin
couvert pour économiser la garnison.

« Dans cet ordre, dit l'auteur, les courtines peuvent être en terre ; mais les bastions seront néces-
sairement en bloquage. »

Autre tracé sans bastions

L'auteur appelle ainsi celui qu'il fait seulement avec les ravelins, ou à dos de ceux-ci une enceinte en ligne droite, sans bastions, et seulement avec des tours circulaires découvertes aux angles. Dans ce tracé, le côté est de 592 mètres.

Fortification irrégulière

Prospéri dit que ce qui paraît le plus difficile à tout le monde, est sans doute l'irrégularité des figures et du terrain, parce qu'il est très-difficile d'adopter à ces irrégularités les règles et les dogmes précis, et comme elles se trouvent à chaque pas, cette partie de la fortification est la pierre de touche de ceux qui traitent cette matière.

Plus loin il ajoute : « dans une chose si importante on verra appliquer notre méthode sans avoir recours à la multitude de tables employées par les modernes dans leurs systèmes. »

Et pour donner une idée claire de la simplicité avec laquelle sa méthode s'adopte à toute espèce de figures et de conformation du terrain, l'auteur

présente trois exemples d'enceinte bastionnée : une
sur un quadrilatère, une autre sur un polygone
irrégulier de 16 côtés, et enfin, le plan de la place
de Maëstrich : et ensuite il fait l'application de sa
méthode de la même façon aux deux premières
figures qu'au périmètre de la place, pour établir
la comparaison ; et afin que le lecteur puisse se
former une idée de ce qui a été fait par Prospéri,
nous copions dans la figure 12, pl. 5, les tracés qui
se réfèrent au quadrilatère irrégulier ABCD ; le
tracé bastionné a été dessiné avec des lignes ponc-
tuées, et le nouveau avec un trait plein (1).

Dans le premier on voit cinq bastions entiers 1,
2, 3, 4, 5 et deux demi-bastion 6 et 7, et dans le
second seulement trois bastions A, B, D et autant
de langues de terre et de ravelins E, F G, la partie de l'angle aigu demeurant entière : « La difficulté consiste, dit l'auteur, à faire ressortir les
bastions après avoir réparti prudemment les dis-
tances. »

Une chose analogue s'observe dans les fortifi-
tions de la place de Maëstrich, sur lesquelles « nous
voyons, dit notre auteur, en examinant les ancien-

(1) Cette figure avec sa fortification bastionnée est tiré
du livre de Mathias Dogens.

nes qu'il y a six ouvrages à cornes, dix bastions détachés, cinq réduits et huit entre ravelins et demi-lunes. A l'autre partie de la rivière de Meuse, trois bastions dans l'enceinte et quatre détachés, avec trois grandes demi-lunes... Pour sa défense il faudra une garnison très-nombreuse, et les grandes dépenses d'entretien de tant d'ouvrages ne sont pas moins dignes d'attention. »

Et s'arrêtant ensuite dans la nouvelle méthode, très-semblable à celle que nous avons tracée pour le quadrilatère, il ajoute : « La simple vue de ce plan doit être désagréable à plus d'un, parce qu'on y voit des bastions si peu d'accord, avec quelques flancs si ouverts que la chose paraît ridicule ; mais en examinant bien l'essence de ce qui est essentiel, on ne doit pas se soucier d'autre chose.... Ici seulement il y a des bastions très-grands et des demi-bastions avec cinq ravelins, et dans l'autre côté de la rivière, un bastion entier et deux demi-bastions avec deux ravelins. »

Il ne faut pas douter que, l'irrégularité du terrain étant donnée, le tracé sera rendu beaucoup plus facile quand il y aura un moins grand nombre de bastions, ou en général de corps d'ouvrages isolés qui exigent une certaine étendue de terrain

régulier, et surtout quand, dans ces corps d'ouvrage, ni l'extension des lignes, ni la grandeur de
leurs angles ne sont rigoureuses.

Nous avons fini la tâche que nous nous étions
imposée de suppléer, autant que possible, à l'ab-
sence du livre de D. Félix Prospéri dans les bi-
bliothèques militaires ; sans entrer dans l'examen
de quelques questions qui pourront surgir de sa
lecture, quoique nous ne puissions moins faire que
d'appeler l'attention des hommes intelligents sur
le prix qu'attachait cet ingénieur à *l'emploi de la
cavalerie* pour la défense des *langues de terre* spa-
cieuses ; aux *bons tireurs* et aux *carabines rayées*
qu'il estimait beaucoup à cause de leurs *admirables
effets ;* et aussi sur la pensée originale de ce qu'il
appelle *lignes fichantes,* dignes peut-être d'être étu-
diées à présent que nous ne savons comment ni où
placer les canons d'une forteresse, de manière
qu'elle soit à l'abri de l'action puissante des batteries de siége.

PRÉCIS BIOGRAPHIQUE

SUR

D. FÉLIX PROSPÉRI

D. Félix Prospéri est né en 1689, dans la ville de Lucque, royaume de Toscane. Etant encore très-jeune, il passa en Sicile, et là, il entra dans un régiment d'infanterie espagnole, sans abandonner pour cela l'étude des mathématiques et de l'architecture militaire, qu'il affectionnait beaucoup, avec l'aspiration d'arriver à servir dans le corps des ingénieurs ; ce qu'il sollicita étant déjà capitaine du régiment d'Infanterie de Milan, en juin 1728. Après avoir subi un examen rigoureux, on lui accorda d'entrer dans ledit corps en qualité d'ingénieur ordinaire, le 20 octobre de la même année, et il fut destiné aux provinces d'Andalousie.

En octobre 1730, il fut promu ingénieur en second avec le grade de lieutenant-colonel, et, au milieu de l'année suivante, il s'embarqua à Cadix pour continuer ses services dans l'île de Saint-Domingue. Il passa ensuite à Vera-Cruz, et de là, à Mexico, où il était, pendant les années 1741, quand il s'occupa à écrire ses idées sur l'art de fortifier les places, en présentant ce traité sous le titre de *Grande défense, nouvelle méthode de fortification* (1).

Ce livre fut passé en revue par D. José Antonio de Villa-Señor, qui fit de lui un grand éloge, le 9 janvier 1744 à Mexico, et fut imprimé la même an-

(1) Nous avons dit que ce livre est aujourd'hui fort rare. Il y a un exemplaire à la Bibliothèque nationale, et ce doit être celui même auquel Prospéri fait allusion dans une lettre qu'il adresse de Saragosse à D Juan Martin Cameno, le 24 août 1752, où il dit, en parlant de son ouvrage : « Il a l'honneur d'un numéro dans la Bibliothèque royale de Madrid, où il jouira d'un repos perpétuel. »

Le frontispice du livre, à deux couleurs noire et incarnat, dit ce qui suit : *La Grande défense. Nouvelle méthode de fortification.* — Divisée en trois ordres, savoir : Le double, le renforcé et le simple; avec diverses inventions et idées utiles et curieuses. Avec 175 planches. — Tome I. — Auteur : le lieutenant-colonel D. Félix Prospéri, ingénieur des armées de Sa Majesté, qui le dédie à Sa Majesté royale catholique du

née avec licence du comte D. Fuenclara, capitaine-général de la Nouvelle-Espagne. Elle porte en tête une dédicace au roi.

Il a écrit, en outre, divers feuilletons de nouvelles inventions et d'études scientifiques et militaires dont on conserve ceux qui ont été imprimés en corps d'ouvrage avec la *Grande défense*, et qui sont :

1° *Manière de mesurer avec l'eau les ouvrages de fortification.*

2° *Instrument stadiométrique pour lever des cartes de royaumes.*

3° *Machines à grande élasticité pour lancer des bombes,* etc.

Roi notre maître, le Seigneur don Philippe V, monarque des Espagnes.

A la fin du livre, on lit : « Imprimé à Mexico, par la veuve de D. Joseph Bernardo da Nogal. An 1744. »

Quoiqu'il dise : tome I, on n'a pas connaissance qu'on en ait publié d'autres

L'impression est claire, en grandes lettres, beau papier, format un peu grand en in-folio.

Des 79 planches, gravées grossièrement en cuivre, à l'eau forte, 57 correspondent aux méthodes de fortification, et les planches restantes à d'autres « inventions ou idées. »

L'ouvrage a 193 pages, dans les 131 premières, on parle des méthodes et dans les 62 autres pages, des inventions.

4° Voitures de nouvelle invention et d'une grande utilité.

5° Moulins de guerre qui moulent en marchant.

6° Vaisseau insubmersible.

7° Horloges de sable pour donner les minutes et les secondes.

8° Système du monde.

Tous ces ouvrages offrent peu d'intérêt, mais on y voit toujours l'homme de génie et de travail. Dans le dernier, cependant, il y a beaucoup de fantaisies et d'extravagances.

Le 24 février 1747, il fut nommé colonel, c'est-à-dire ingénieur en chef, et cinq ans après, il revint en Espagne, où il débarqua à Cadix au milieu du mois d'août, *chargé d'années et encore plus d'infirmités*, ainsi qu'il l'écrivait au chef du corps. De Cadix, il passa à Saragosse, et il s'y trouvait en 1754, quand, le 16 novembre, il sollicita la permission royale de se transporter à sa maison d'Italie en raison de son *âge avancé, de sa santé délabrée et de l'impossibilité où il était de continuer les fonctions de son grade*, et il suppliait, en même temps, qu'on lui accordât sa solde d'une année pour faire le voyage, et un avancement comme récompenses de ses services. D. Juan Martin Carmène, qui était alors chef du corps, recommanda sa demande avec intérêt ; et, le 16 décembre, il obtint la licence de retraite, mais on ne répondit pas à sa demande d'avancement, et on réduisit à six mois de solde le supplément de dépense des frais de son voyage. Cependant pour toucher cette solde, il lui fallut solliciter de nouveau, en 1755, pour qu'on renouvelât l'ordre de lui délivrer *la solde qu'on lui avait accordée et qu'il ne pouvait obtenir pour se retirer dans sa maison.*

Ayant enfin obtenu ce secours, il partit pour l'Italie, avec l'intention de s'établir à Bologne où il mourut probablement : nous n'avons pu vérifier avec certitude l'année ni le lieu de sa mort.

En le jugeant par ses actes et ses lettres dont nous avons lu quelques-unes écrites de sa main, Prospéri est un homme d'un caractère ferme, en même temps qu'affable, honorable et modeste.

Se trouvant à Véra-Cruz, le vice-roi du Mexique accorde au gouverneur de cette place la direction et la constructon de certains quartiers, rejetant les représentations de Prospéri, qui réclamait pour qu'on lui attribuât les deux choses. Les ouvrages furent mal faits et la fabrique s'écroula. Rappelant ce fait, Prospéri dit : « Le gouverneur, à propos

de cette innovation inattendue, fit beaucoup de
plaintes, parce qu'il voulait porter à ma charge le
dommage survenu, que c'est pour cela que la
plupart des ingénieurs servent aux Indes, à quoi
je répondis que cela ne serait pas arrivé si l'on avait
fait les fabriques selon les ordonnances du roi;
qu'il savait bien que, dans l'affaire, je n'avais dis-
posé de rien, et que c'était à celui qui l'avait diri-
gée de répondre au roi des bénéfices. Il se mit en
fureur et tira son épée contre moi; et ne trouvant
aucune crainte en moi, comme il s'y attendait, il
m'envoya aux arrêts chez moi. Je fis part de ce
qui était arrivé au vice-roi, en lui envoyant la dé-
mission de mon emploi; celui-ci, sans répondre à
ma lettre, ordonna au lieutenant du roi de venir
chez moi et de me mettre en liberté en son nom,
et qu'on ne dît rien de ce qui était arrivé. C'est ce
qui eut lieu. »

Le 7 octobre 1753, il écrivait de Saragosse au
même D. Juan Martin, le même nommé plus haut,
et lui disait : « A mon passage à Madrid, j'ai solli-
cité deux soldes pour continuer mon voyage et on
me les a refusées: j'ai donc été obligé de recourir à
un ami. C'est ainsi que je suis arrivé après vingt-
deux ans d'Amérique. » Et, dans une autre partie,

il proteste qui'l ne molestera plus de ses plaintes,
« parce que, dit-il, à soixante-trois ans, j'ai peu de
choses à espérer, »

Quoique ce ne soit pas un fait qui doive nous
surprendre par sa rareté, cependant, nous sommes
pénétrés de chagrin, en pensant qu'un homme
comme D. Félix Prospéri, doué d'aussi excellentes
qualités, d'un aussi bon génie et d'une application
constante, soit arrivé à la fin de ses jours, oublié,
pauvre et infirme ; et nous sommes encore plus
affligé parce que ses écrits ne lui ont valu aucune
louange pendant sa vie, et jusqu'aujourd'hui, ils
n'ont pu parvenir à faire respecter sa mémoire.

INDEX

Paris. — Imp. A.-E. Rochette, 72-80, boulevard Montparnasse.

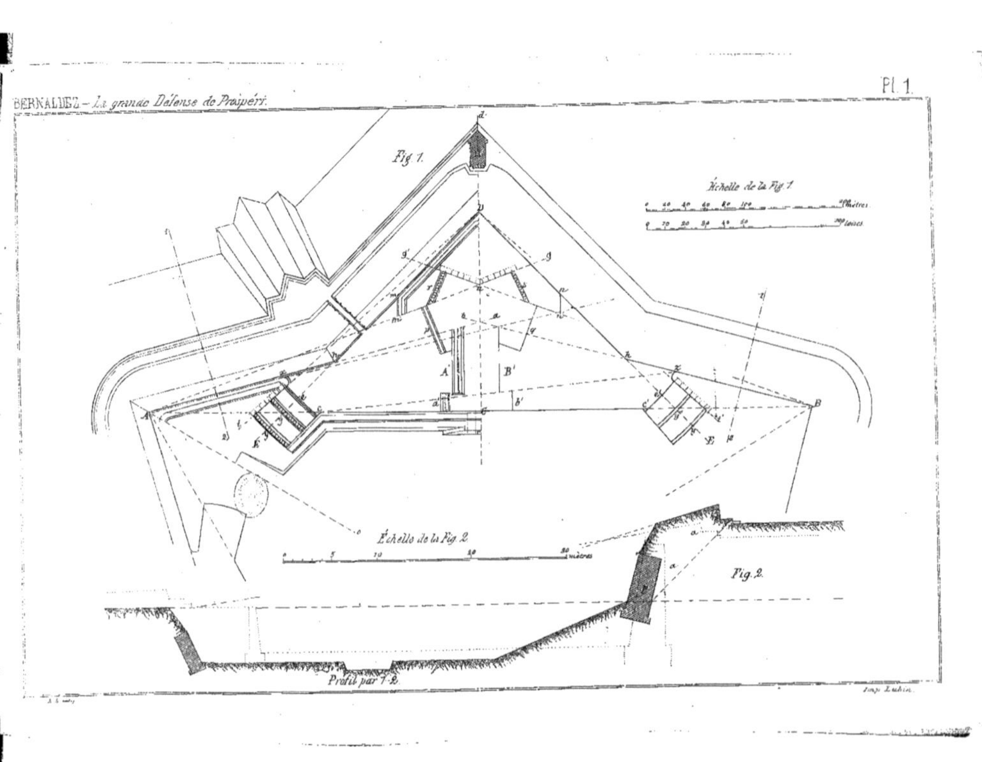

BERNALDEZ — La grande Défense de Praspérr.
Fig. 1.
Échelle de la Fig. 1
Mètres
Toises
Échelle de la Fig. 2
Mètres
Fig. 2.
Profil par 7-2.

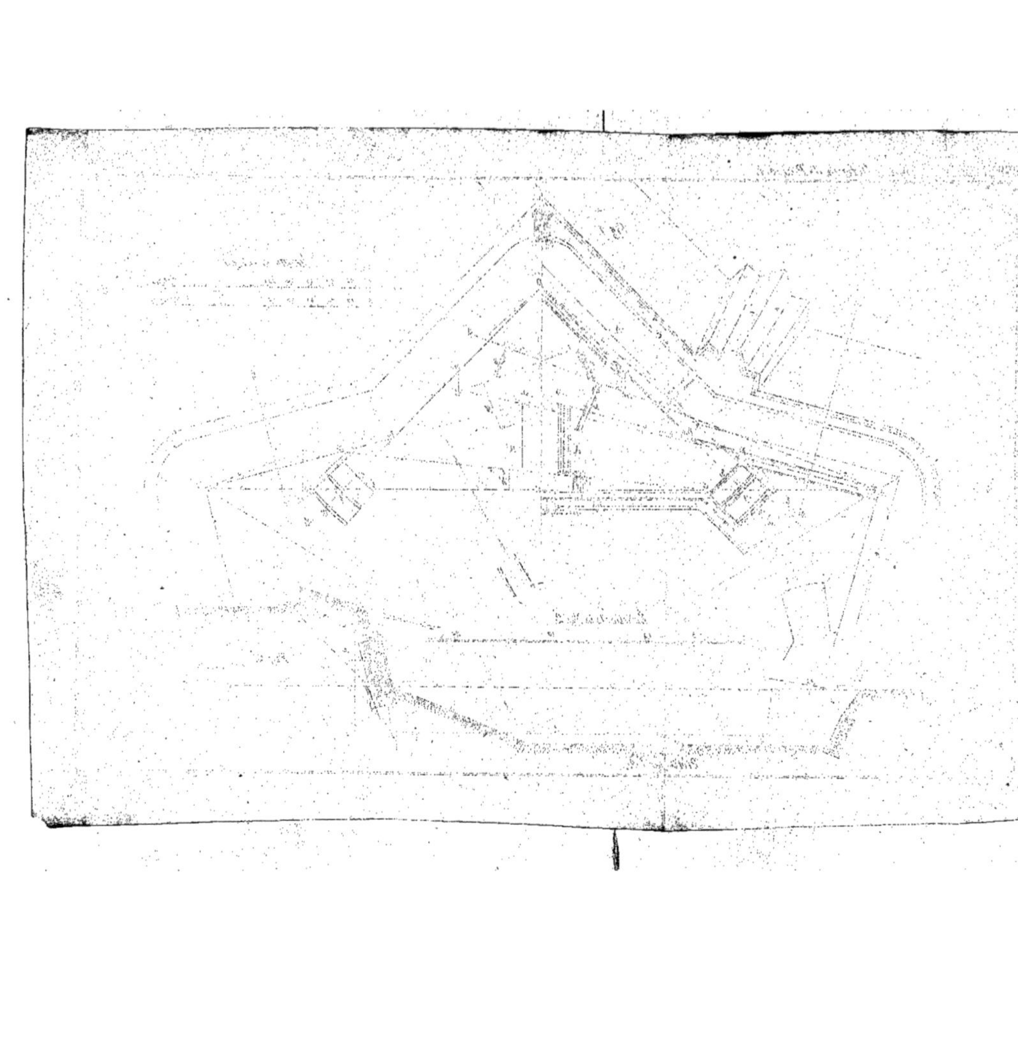

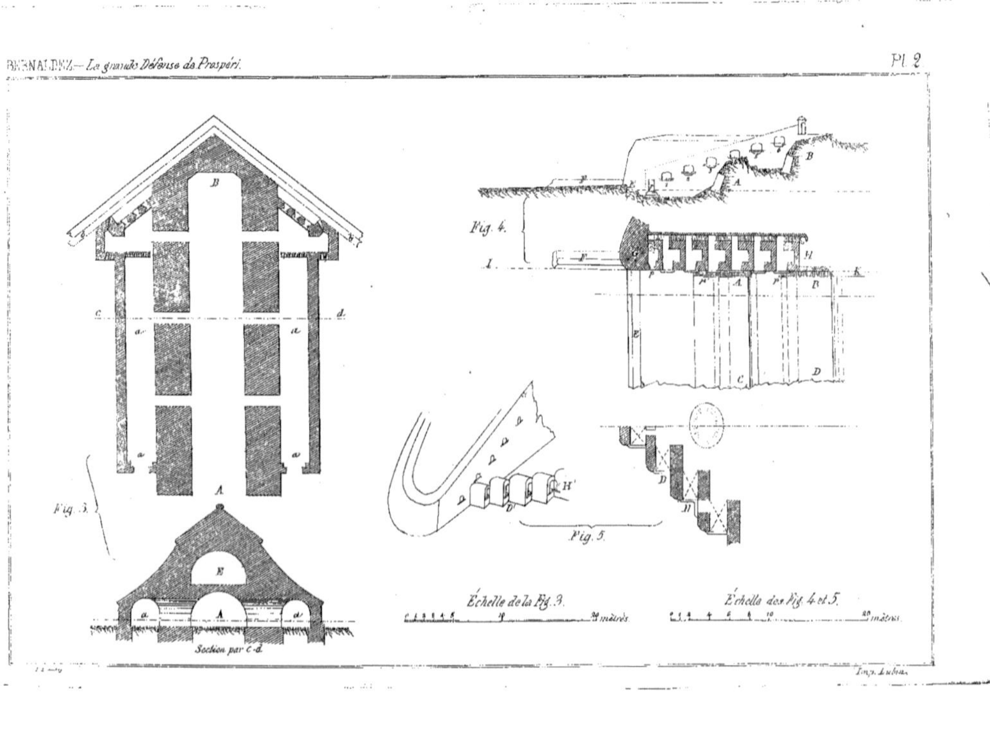

Fig. 3.
Fig. 4.
Fig. 5.
Section par c-d.
Échelle de la Fig. 3.
Échelle des Fig. 4 et 5.
mètres.
mètres.
Imp. Lubois.

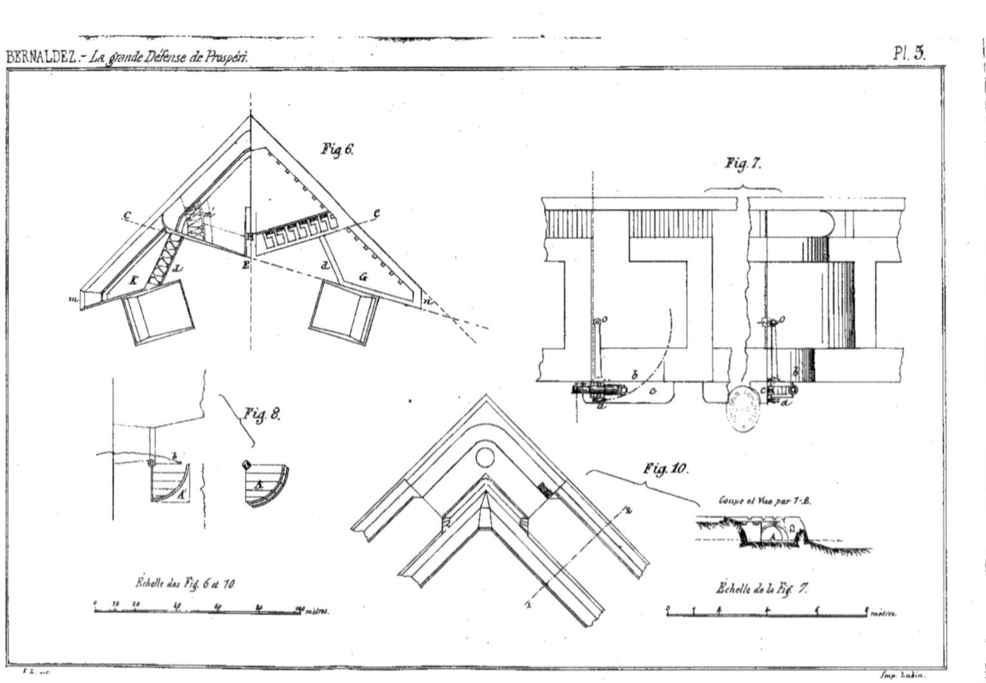

Fig. 6.
Fig. 7.
Fig. 8.
Fig. 10.
Coupe et Vue par 1-2.
Echelle des Fig. 6 et 10
Echelle de la Fig. 7.
mètres
mètres
Imp. Ludin.

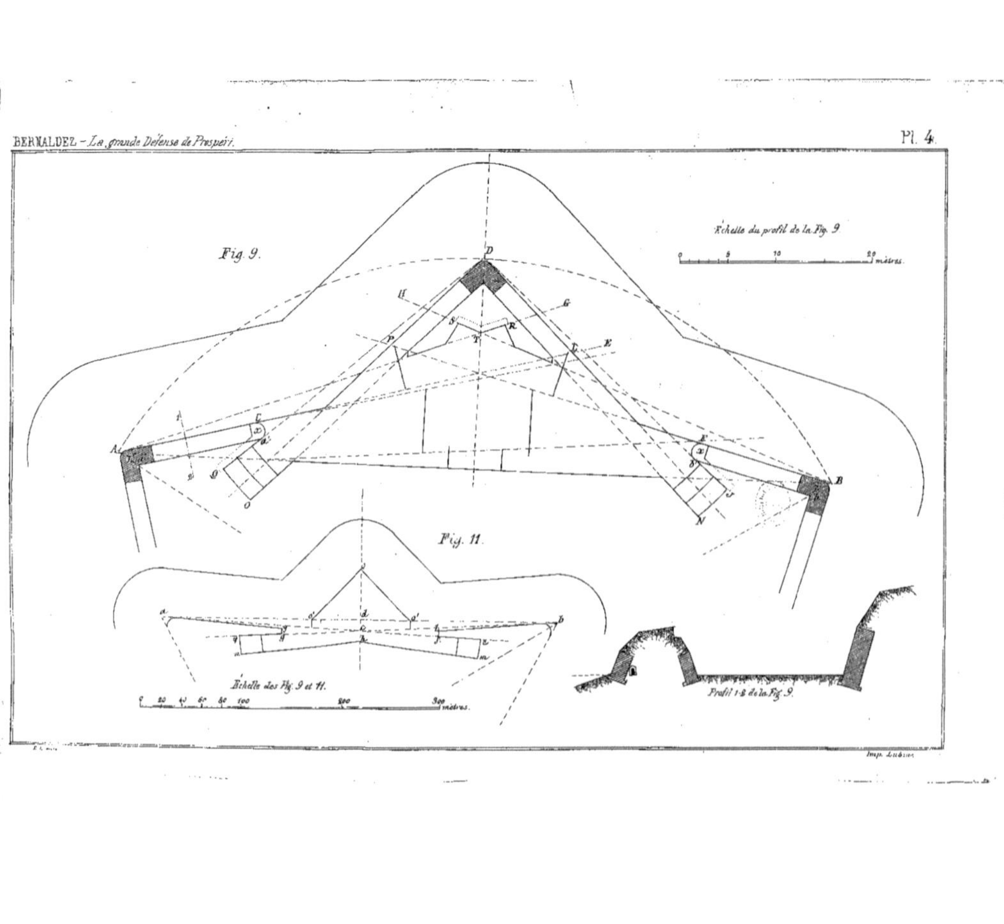
Fig. 9.
Echelle du profil de la Fig. 9.
0 5 10 20 mètres
Fig. 11.
Echelle des Fig. 9 et 11.
0 20 40 60 80 100 200 300 mètres
Profil 1-2 de la Fig. 9.

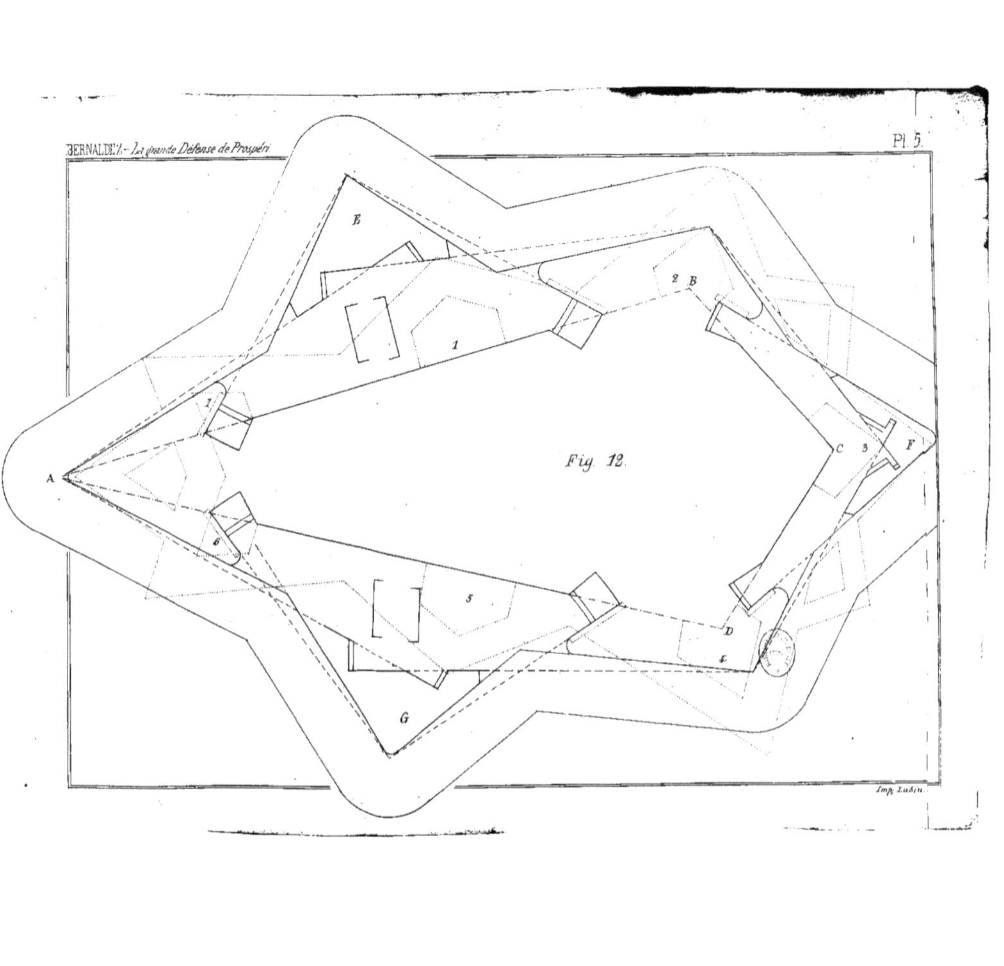
E
2 B
1
1
A
6
5
C 3 F
D
L
G
Fig. 12.
Imp. Lesin.

PARIS. — IMPRIMERIE A.-E. ROCHETTE

72-80, boulevard Montparnasse, 72-80

www.ingramcontent.com/pod-product-compliance
Ingram Content Group UK Ltd.
Pitfield, Milton Keynes, MK11 3LW, UK
UKHW020025100726
13658UKWH00003B/1106